SOUVENIRS

DE VOYAGE

Par Louis DESBOIS

Paris, décembre 1904.

Un jour de cet été, dans un faubourg de Grenade, je dessinais des maisons toutes blanches et un cyprès noir dans le ciel bleu, et devant ces choses déjà familières, superbes, brutales, immuables, je me pris à songer, avec quelque regret, à une maisonnette grise au toit d'ardoises, entourée de peupliers sous des nuages changeants... de peupliers frêles qui pleurent doucement, une à une, leurs dernières feuilles, sur une eau morte.

Et maintenant, sous le ciel voilé de Paris, certains jours sombres d'hiver, la nostalgie me prend du soleil crû, des murs éblouissants et du grand cyprès immobile dans le ciel bleu. Peut-être aime-t-on mieux les choses quand on ne les a plus ? Peut-être le souvenir est-il l'artisan par excellence de poésie, le souvenir qui grandit la réalité, la débarrasse des imperfections inutiles, lui donne la saveur de l'idéal éloigné et le prix inestimable des moments qui furent lumineux et qui ne seront jamais plus. Dans mon imagination se forment en foule des images grandioses ou légères, sinistres ou charmantes ; voici que défilent les paysages riants ou désolés ; les villes du moyen-âge sur leurs rochers ; les grandes églises pleines de trésors ; les palais des anciens Maures, bijoux de marbre et de plâtre guilloché dans les jardins fleuris... et partout, sur ces terres antiques où dorment tant de morts, partout, dans les cathédrales de Castille, dans les arènes et les jardins d'Andalousie, le battement d'ailes léger de milliers d'éventails, la pulsation douce, vibrante, éternelle de la vie.

Saint-Sébastien, fin juillet.

Je débutai à Saint-Sébastien par une journée inoubliable d'épopée héroï-comique, et je voudrais, pour la raconter, un peu du style grandiose des journaux du crû. Depuis plusieurs jours était affichée partout dans la ville la lutte d'un tigre et d'un taureau. Au jour dit, dans des tourbillons de poussière, quinze mille spectateurs s'acheminaient vers les grandes arènes toutes neuves. Après cinq courses de « novillos », c'est-à-dire de jeunes taureaux, mis à mort par des « épées » de second ordre, le clou de la journée, la bataille renouvelée des cirques romains que tout le monde attendait avec impatience. On avait dressé, au milieu de l'arène, une grande cage circulaire et l'on amena les deux adversaires dans deux petites cages roulantes qu'on adapta à la grande et qu'on ouvrit simultanément ; le « toro » sortit le premier ; pour prouver au public que le tigre n'était pas une pauvre bête fatiguée de sa captivité, mais un « superbe exemplaire de sa race », l'impresario l'agaça un peu, une grimace et un miaulement terribles remplirent d'aise l'immense public et les deux bêtes furent en présence ; le tigre debout, immobile, attendit, le toro fonça, l'autre s'aplatit et se glissant sous la tête du toro, s'accrocha au poitrail, griffant et croquant. Cela fit un instant un superbe groupe à la Barye, frémissant et beuglant ; on en oubliait presque la laide cage, le monsieur correct qui, très affairé, trimballait un grand appareil cinématographique, et les gardes civiques coiffés de bérets rouges, qui montaient la garde autour des tablas. Après la première passe, le tigre, dédaigneux ou éreinté, se coucha dans un coin, battant nonchalemment le sol de sa longue queue ; le toro, tout sanglant, hésitait, grattait furieusement le sol de son sabot... Cela durait... le public commençait à s'impatienter et à s'en prendre, comme de juste, au président. L'homme au cinématographe se mit bravement à asticoter le tigre à travers les grilles, rien n'y fit ; des toreros en costume vinrent agiter leurs manteaux, un autre fit gicler des pétards sous le nez du fauve qui finit par se mettre à gambader en rugissant ; le voyant passer à bonne portée, le toro fit une poussée formidable, la cage céda comme une paille et tigre et toro roulèrent, libres, dans l'arène... Panique et fuite presque générale .. feu de peloton des gardes civiques exécuté, avec tant d'adresse, que plus de vingt spectateurs furent blessés, dont un mortellement.,. dehors, dans la poussière et la chaleur du couchant, des foules de gens affolés, plus ou moins séparés de leur familles ; d'aucuns croyant le tigre (le malheureux !) sorti de l'arène, de la plaza, et parcourant la ville « *quœrens quem devoret* »...

Treto.

Sur les lagunes immobiles, au soleil couché, un petit vapeur nous emmène doucement, dans le grand silence, vers cette presqu'ile montagneuse qui, là-bas, cache le large... au pied des montagnes qui se mirent dans la mer, quelques lumières brillent dans le crépuscule, et sur le bateau, des fillettes, en robes claires, chantent gaiement dans l'air qui fraîchit.

Santona.

Que la montagne est jolie près de Santona ; des chênes verts et encore des chênes verts, qui grimpent les pentes escarpées, qui s'accrochent aux grands rochers blancs tombant à pic dans la mer ; des chevreaux cabriolent parmi les arbousiers, au chemin tournant grincent des chars tout primitifs, posés sur l'essieu qui tourne avec les roues... en bas, dans l'eau bleue, des barques effilées, vont à la pêche du thon. . la côte, de l'autre côté de la baie, est si délicate de couleurs bleuâtres, grises ou roses, de dentelures si fines.

Dans la montagne était autrefois un petit bûcheron qui s'en alla à Cuba dans le bon temps, et il y fit si bien fortune, qu'au retour il pût prêter de l'argent au roi ; alors, son arrière petite fille est marquise, elle a une belle maison ici, à Santona, on rencontre souvent, dans la petite ville ou sur la route claire qui va vers la plage, sa calèche attelée de cinq belles mules, aux colliers garnis de sonnailles joyeuses. C'est devant cette maison que deux ou trois fois la semaine, la musique militaire donne un concert exclusivement composé de danses, et tous les jeunes du pays dansent la jolie « jota » sur des airs anciens, en claquant des doigts. Sur les trottoirs, on se promène comme dans toute l'Espagne à cette époque, les jeunes filles se donnant le bras à trois, quatre au plus, et on passe et repasse sans cesse, faisant les cent pas pendant une grande partie de la nuit. Chaque heure, dans la ville, se promène un brave homme avec un grand manteau, une lanterne et une pique (en 1904 !), il psalmodie l'heure qu'il est et le temps qu'il fait, on l'appelle le « sereno » parcequ'il dit toujours « sereno » beau temps.

En wagon. Castille, août.

Le train roule à travers les paysages grillés de la Castille ; rocailles, cailloux, rochers ; villages de pierre accrochés aux rocs, vallées de pierres grises ou jaunâtres. Dans le wagon, trois religieuses vêtues de marron foncé avec une sorte de mantille noire ; l'une est jeune, assez jolie, un peu pâlotte, un beau regard, de grands cils ; son visage, rieur par instants, se profile sur la portière ouverte où courent les rochers gris, les pierrailles désertes sous le ciel bleu. Et l'œil noir, à chaque pli de terrain, cherche les clochers lointains des églises, des couvents des chapelles. Elles parlent entre elles : « Avez-vous une Notre-Dame-de-Lourdes ? — Nous en avons deux, l'une, grande comme cela, et l'autre plus petite »... Et puis, c'est l'heure du chapelet.

Burgos. — Août.

. Burgos, dans un pays de chaume et de poussière, avec sa cathédrale d'ocre au pied d'un coteau pelé et rissolé. Vraiment, dans le jour, il n'y a que dans la cathédrale qu'on respire. Il y fait une lumière très douce et presque frais ; des rayons de soleil tamisés aux vitraux éclatants traînent sur les marbres des reflets roses et incendient les chapelles derrière le transparent sombre des grilles en fer forgé, à personnages multiples. Et ce sont des grilles et encore des grilles, fermant les chapelles, isolant le chœur, le transept, le sanctuaire..., du haut en bas, l'église est sculptée ; les statues escaladent les piliers, les rétables immenses — personnages et niches en bois doré et peint — écrasent les autels ; dans la moindre chapelle, c'est un luxe inouï de marbre, de bois précieux , de vieilles sculptures , de vieux lutrins, de vieux ornements d'église passés, de vieux livres énormes, de vieilles stalles de bois magnifiques fouillées par d'anciens maîtres venus de tous pays.

Quelques vieux chanoines psalmodient tranquillement leur office journalier dans le demi-jour, parmi toutes ces choses anciennes où il semble que l'encens et les cierges ont laissé comme une patine sourde depuis des siècles... Et les reflets roses et violets des vitraux carressent les dalles où dorment les évêques d'autrefois, l'escalier aux grilles dorées, aux chimères de marbre où l'on voudrait voir descendre une lourde chape de drap d'or et une mitre précieuse sur un visage ravagé...

En wagon. — Castille.

Encore de tristes paysages cuits de soleil, d'interminables plateaux désolés, chaume ou lande ? sous le ciel bleu. Parfois une cigogne ou de beaux geais bleus d'une espèce inconnue dans nos pays ; très rarement des fermes avec des vastes aires, une fois un élégant cavalier suivis de deux superbes lévriers rayés... Aux petites gares, d'admirables paysans, faces rasées, blêmes ou hâlées, larges loques grises ou brunes et puis des pataches inénarrables, attelées de cinq ou six lamentables rosses couvertes de pompons rouges et de grelots, qui s'en vont dans la poussière, à grands coups de fouet vers des villages invisibles.

Avila.

Voici une ville du moyen âge intacte dans sa ceinture de tours, c'est Avila que le soleil couchant teinte de cuivre sous le ciel pur qui verdit... Avila, dont la farouche cathédrale romane dut voir les rudes preux bardés de fer prier avant d'aller guerroyer les Maures... Avila où naquit sainte Thérèse...

Escurial.

Dans la grande église qui ressemble un peu, à l'intérieur, à notre Panthéon, avec un autel de marbre brun et blanc et dessus de lourds candélabres d'or et une sorte d'immense lanterne en verre rouge... Au beau milieu du transept, un petit moine Augustin, aidé de quatre enfants vêtus de noir, arrange silencieusement, avec un soin minutieux, les coins d'un grand drap mortuaire, noir et or, sur un catafalque et pose dessus une lourde couronne royale dorée...

Madrid.

Encore des « norilladas » ; le peuple sort en foule des arènes situées hors ville dans des terrains vagues parmi des tourbillons de poussière ; nous ne verrons de vraies courses qu'en Andalousie. Ici, nous vîmes « don Tancredo el rei del valor », cet individu s'habille tout de blanc, chapeau blanc, barbe blanche, gants blancs, et se campe debout, immobile, les bras croisés, sur un socle blanc juste au centre de l'immense arène complètement vide. On ouvre le toril, le toro vient lentement, approche tout près, flaire et commence à bousculer le rei del valor, qui file à toutes jambes, au grand étonnement de la bête, en montrant à la foule sa manche déchirée par la corne aiguë... Ce jour-là, plusieurs toros furent làchés, ils faisaient le tour du cirque poursuivis par tout le personnel! les cris d'usage, poussés avec fureur par des gens d'apparence paisible et correcte... invectivent le président et réclament le feu : on pique sur le garrot des banderilles remplies de pièces d'artifice qui emplissent l'air de fracas et d'odeur de poudre...

Madrid. — Musée du Prado.

Dans le petit salon un peu sombre des « Menines », le chef-d'œuvre éclairé de côté par une immense fenêtre... la jolie infante, ses compagnes, le peintre lui-même rêvent là... vus jadis dans leur vie réelle par l'œil le plus sain, fixés par la main la plus sûre, avec l'art le plus puissant qui furent jamais... Debout devant un petit chevalet, un jeune peintre américain, rasé, correct, travaille silencieusement à une copie.. A côté, l'immense salle où rayonne une grande partie de l'œuvre de Velasquez. Comment dire la beauté souveraine de toutes ces toiles fameuses? Comme peinture, il n'y a rien au-dessus de cette vision franche, de ce métier robuste, de ces harmonies de couleurs si fraîches, si riches, si imprévues et si simples ; et de quelle vie variée, intense, vivent tous ces êtres peints ; depuis les trognes des buveurs, les masques des fous, jusqu'au sourire des Infantes en robes de parade, au sérieux gentil des garçonnets en costume de chasse ou de guerre et à l'élégance sobre, la hauteur suprême de tous ces princes à faces de crétins...

Tolède. — Août.

Il y avait couramment 43° à l'ombre... l'air était étouffant, atrocement sec; un soir, de gros nuages d'orage moutonnaient au-dessus des arêtes prodigieusement dures des alcazars et des cathédrales de couleur fauve sur leur socle de rocs gris... De l'autre côté du Pont d'Alcantara, dont les grandes arches flanquées de portes monumentales enjambent le Tage boueux, toute la masse de la ville étagée se profilait sur le ciel sillonné d'éclairs, il tomba quelques gouttes qui ne tachèrent qu'une seconde les pierres brûlantes.

Tolède.

Deux hommes jeunes, aux traits fins et doux, les yeux couverts d'une taie blanche, circulent lentement rythmant leurs pas chaussés d'espadrilles, l'un derrière l'autre, grattant sur leurs guitares des accompagnements étranges à une complainte intermittente... un de ces chants d'origine arabe qui rappellent un peu « l'Exultet » du Samedi-Saint... dans les ruelles désertes, sous la chaleur torride. Bien rares sont les gens charitables qui entr'ouvriront leurs lourdes portes semées de gros clous, pour entendre mieux la mélopée triste et donner leur aumône aux aveugles errants... Ils se reposent maintenant de leur lente promenade, à l'ombre d'une église dorée par le temps, tout en haut du coteau pelé qui domine le Tage glauque... Le soleil d'août rôtit en silence les pauvres herbes courtes qui essaient de pousser entre les pierres. On entend par instant le cri d'une caille enfermée dans une minuscule cage d'osier, à la porte voisine d'une maison de pauvres.

Castillejo.

Quel charme, au sortir de toutes ces fournaises poussiéreuses que cette soirée au bord de l'eau avec un peu de verdure, près de Castillejo... Nous avions vu de loin un peu d'eau briller au soleil et à travers des champs plantureux, nous voici au bord du Tage..., il ressemble ici étonnamment au Cher, des grèves, peu d'eau, des osiers, quelques peupliers blancs..., on entendait les cris d'une troupe de paysans passant le fleuve avec leurs ânes sur un lourd bac... Quand la nuit tomba, un cri familier retentit, la note si douce et monotone de la chevêche de nos pays...

En approchant de Grenade.

En allant vers Grenade, se succèdent de prodigieux paysages de montagnes rocheuses, d'une sauvagerie, d'un imprévu et d'une beauté déconcertants... Mais voici que nous arrivons en Andalousie, car ceci, nous ne l'aurions pas vu plus au nord ; c'est une petite rivière limpide qui serpente là-bas, entièrement bordée de superbes lauriers-roses couverts de fleurs.

Grenade, sept.

Silla del Moro.

Les jardins du Généralife s'accrochent en étages au premier contrefort de la montagne, avec leurs allées de vieux grands cyprès, leurs bassins, leurs jets d'eau, leurs balustres, leurs belvédères, leurs petits ifs taillés, leurs eaux courantes, leurs parterres de fleurs et leurs lauriers-roses... Je suis allé plusieurs fois au-dessus de ces jardins sur une sorte de terrasse d'où l'on a une des vues problablement les plus grandes et les plus belles du monde, au moment où le soleil descend dans une brume rouge... Le paysage est immense et varié; derrière, les pentes d'abord rougeâtres, enguirlandées de lignes d'oliviers bleus en boule; puis des croupes plus larges, noires et fauves; ensuite des roches grises aux arêtes vives, aux lignes nettes et élégantes, enfin les sommets lointains découpés, pointus, que le soleil couchant teinte de lilas, striés de barres d'or vert qui sont la neige sous le ciel de turquoise morte... Là, tout près de moi, un éboulis de terre rouge frappé par le soleil est tellement éblouissant que tout le reste paraît un instant décoloré... Devant, plus bas, le petit belvédère blanc du Généralife. les jardins qui dégringolent; puis l'Alhambra, le joli coteau, dont les pentes raides sont envahies d'arbres; parmi les feuillages, on voit les tours vermeilles qui entourent les palais, tours carrées sans autre ornement que d'infimes fenêtres et dont l'intérieur est ciselé du haut en bas... Là-bas à droite, la colline de l'Albaycin couronnée des clochers carrés tout blancs d'où s'envolent des sons de cloches, en bas la ville tout entière, blanche autour de sa massive cathédrale dorée; plus loin la plaine, un peu de vert autour d'une tache d'argent et de grandes traînées de poussière le long des routes, enfin comme fond la sierra Morena et le soleil qui disparaît... L'endroit où je suis s'appelle le « Silla del Moro », la « chaise du More » parce qu'autrefois, il venait ici souvent Boabdil « le petit roi », le dernier souverain maure de Grenade. Etrange figure que ce Boabdil dont le souvenir est encore si vivant ici, attaché aux pierres des palais et aux rochers de la montagne... Boabdil, l'enfant gâté, le raffiné voluptueux qui aimait à venir ici même regarder son palais et sa ville à l'heure où le soleil dore doucement toutes ces choses, les soirs calmes et purs qui sont tous les soirs dans ce pays-là...

N'est-ce pas qu'on l'imagine bien là-bas, dans le chemin de terre rouge bordé d'aloès géants..., il monte un joli cheval gris harnaché de vert et ses fins burnous blancs flottent à la brise fraiche qui vient des sierras. Il a cédé, il a rendu Grenade, tout est fini; les siens sont partis, il va les rejoindre. Il avançait lentement le fin cheval gris à la longue queue souple et le petit roi pleurait... Il en avait assez à la fin des luttes, des dangers, des trahisons; il ne voulait plus se battre, risquer de mourir; après tout, il aurait aussi bien ailleurs des bassins de marbre, des sul tanes et des lauriers-roses... pourtant que de beaux souvenirs il laissait là, sur ce coteau où flottaient maintenant les trois pennons chrétiens, les étendards victorieux de Saint-Ferdinand et d'Isabelle .. Et le souvenir le hantait de son joli passé calme dans son beau palais aux colonnes de marbre, aux faïences fraîches, aux cours ensoleillées où chante l'eau limpide... et le pauvre Boabdil poussa ce soupir légendaire qui a traversé les siècles... ridicule un peu et charmant au-dessus des grandes luttes de races et de religions...

Aujourd'hui, le grand soleil plaque encore ses taches nettes sur les dalles du palais d'or, la brise qui vient des sierras caresse encore les vieux cyprès et les lauriers-roses fleuris, mais l'eau vivante ne coule plus dans les bassins de marbre, les salles sont vides, les murs nus, les jolies petites sultanes ne se baignent plus jamais dans la piscine des Myrtes où se reflètent les colonnades légères, couleur de rose thé... Et là-bas, plus loin que la montagne, plus loin que la mer sur la terre d'Afrique, les Maures dégénérés chantent encore, accroupis sur leurs nattes, en s'accompagnant du rebec et du luth, la complainte gutturale, lente et triste, l'antique chanson des regrets :

« Combien je regrette le passé qui, déjà, s'enfuit. O mon Dieu, les jours de joie et de plaisir, les soirées si douces, ô demeures de l'Andalousie que nous avons quittées, je ne vous oublierai jamais... »

Grenade-Alhambra.

A deux pas du vieux palais, sur la colline même de l'Alhambra, il y a une petite ruelle bordée de murs et de jardins, ombragée d'ormes et de grands figuiers et le long de la ruelle, il y a des rigoles de pierres où l'eau bruit sans trêve, où l'eau court vite, vite, le long des murs, le long des buis. Et chaque jour, un jeune homme est là, debout immobile près d'une fenêtre grillée. Derrière la fenêtre, un jardinet; beaucoup de géranium-lierre, des palmiers, un bassin avec une petite vasque, des murs bas où sont des rangées de buis en pots... Il y a une jeune fille dans le jardin près de la fenêtre, elle cause tout bas avec son ami, dans ses cheveux il y a une guirlande de « nardos » qui sont des fleurs blanches au parfum violent. Une cigale crie tout près dans un figuier. Et sans cesse, l'eau murmure gaiement... Elle vient de là-haut, des dernières taches d'argent que fait la neige sur les hauts rochers, au grand soleil d'août; elle court dans les vieilles pierres rousses qu'ont rassemblées les arabes; elle arrive sur la colline d'Alhambra, elle dégringole dans les bassins, elle circule dans toutes les ruelles, dans toutes les avenues, dans toutes les cours... apportant sa fraîcheur et sa chanson aux phlox roses des parterres et aux amoureux qui causent doucement à la fenêtre grillée. Elle sourdra en bas dans l'enclos humide au pied des grands cyprès, et tout le long du jour, les bourricots gris ou noirs, harnachés et pomponés de laine cerise, arriveront en trottinant avec leurs paniers où sont quatre grosses bouteilles de zinc, et puis ils repartiront plus lents, dans la ville ensoleillée et sonore, entre les maisons gaies et blanches, éblouissantes de soleil, sur le pavé pointu... Qui veut de l'eau limpide, qui veut de l'eau pure et douce?... Agua — agua fresca — l'eau, l'eau fraîche...

Grenade-Albaycin.

Petit Paco va d'ordinaire tout nu par les sentiers et les routes poussiéreuses ; il est fort et brave et il rit toujours. Aujourd'hui, pour me faire honneur, on lui a mis ses plus beaux habits : un pantalon de velours quatre fois trop large, une belle chemise plissée, une veste très courte et une magnifique ceinture rouge et or qui vient de France, paraît-il ; il a les pieds nus, parceque dans la maison, en fait de chaussures, il n'y a que les chaussons de l'aînée des fillettes qui est danseuse. Je suis venu souvent dans le logis étrange creusé dans le coteau pour faire le portrait des gamines. Mon modèle en a assez pour aujourd'hui, de tenir immobile sa frimousse brune aux cheveux ébouriffés. Il faut danser un peu pour dégourdir les fines mains noires et les petits pieds sales... la fillette bat des mains et chante. Petit Paco se trémousse, trépigne sur la terre dure en tortillant ses bras... Olé! Olé! — Comprenez-vous la « copla » ? me demande la maman. Mon Dieu, pas très bien ; j'attrape seulement au passage quelques mots que je sais et qui sont gentils : *agua fresquita, no via...* l'eau fraîche et la bien-aimée. Là bas, le grand soleil descend sur Grenade, et tout près, dans le sentier pierreux qui monte, entre deux haies d'horribles raquettes velues d'épines, une vieille chemine lentement, grande carcasse fatiguée, vêtue d'oripeaux flamboyants, rose vif, jaune d'or... Voici la danseuse qui revient : loques jaunes, vertes, rouges, fleurs de papier dans ses cheveux gras... et Lucia, la mignonne cendrillon ébouriffée, esquisse, elle aussi, de son beau petit corps souple sous les haillons, les danses antiques venues d'Orient... « Moussié, Moussié, très zoli, la citane, danser !... »

Grenade Alhambra.

C'est un homme charmant que Don Antonio ; il est de son état marchant de vins et de tabac à l'Alhambra, mais c'est surtout un artiste ; par les nuits douces, dans la cour minuscule pavée de petites pierres pointues, où sont des fusains dans des caisses et un petit bassin à jet d'eau, sa guitare bourdonne, bourdonne discrètement. Don Antonio se souvient sans doute du temps jadis, pendant que son grand fils est dans la ruelle et « cause avec la fiancée ». Don Antonio est peintre ; voici un de ses tableaux, c'est un coin de jardin plein de jasmins bleus. Je les connais ces jasmins Don Antonio, ils couvrent les vieilles murailles de la citadelle arabe, qui domine Grenade, et il y en a une foison, un fouillis léger, enbaumé.

Toros en Cordoba.

Au grand soleil, dans l'immense ellipse de sable jaune, la sortie pimpante des quadrilles ; clinquants d'argent et d'or sur des vêtements collants verts, marrons, grenats, chapeaux noirs, bas roses, poings sur les hanches, portant les grands manteaux, allures légères et poseuses de gaillards souples, foulant l'arène douce de leurs escarpins ; rosses lamentables montées de piquiers bardés de cuir, hautes selles, chapeaux de feutre gris, et les attelages de mules pomponnées qui enlèveront les cadavres au grand trot... Tout ce monde salue le président, un homme jeune fort élégant, dans sa loge tendue de rouge et d'or, et vite la troupe se disloque. les uns sautent la balustrade, la moitié des cavaliers disparaît. Dans la tribune officielle, la main fine, où court le « sang bleu » jette la clef... Le premier, noir, vif, une belle galopade, les péripéties classiques de la course en trois actes ; les trois ou quatre chevaux défoncés, quelques beaux coups de lance fixant le taureau en plein élan... puis la danse preste des banderilles; enfin l'homme à l'épée, seul devant la bête, sa loque rouge à la main ; la seconde solennelle où tous deux sont face à face, immobiles, et l'animal s'agenouillant devant l'homme, et roulant foudroyé dans le sable...

Le second... noir .. encore... et les mêmes scènes répugnantes ou élégantes ; sur les mouvements souples d'acrobate plane la petite crispation du danger et l'odeur du sang... Le ciel s'est chargé ; comme sort le quatrième toro, un éclair, puis une averse formidable, les hommes se drapent dans leurs manteaux, les spectateurs des gradins grimpent vers les balcons couverts, une multitude de parapluies rouge cerise apparaît... l'averse est passée, le toro se secoue... un homme glisse dans le sable détrempé... un cri strident de femme ; les toreros envoient promener leurs escarpins et voilà les bas roses frappant le sol pour l'appel aux banderilles... avant la course suivante, on apporte des tonnelets pleins de sciure de bois ; les valets du cirque écartent la sciure à grands coups de balais et les bas roses les aident ; la foule s'amuse et crie « agua agua » à l'apparition d'un nouveau porteur de baril (car les porteurs d'eau en ont de semblables). Voici l'espada près de nous, c'est un nouveau, il vient de recevoir d'un maître l'investiture du grade de « matador de toros », il est en veine, il crie des ordres, des plaisanteries à ses hommes ; il attrape un « chulo » qui, dépité, jette son manteau d'un geste large et va s'accouder, boudeur, aux tablas ; la lutte est active, le public suit avec passion, dans le silence absolu, les péripéties finales et à chaque instant, à la suite d'une finesse à peu près invisible pour nous, on entend des voix dire tout bas « bueno », « bien ». Il faisait presque nuit quand le dernier toro tomba ; des allumettes brillaient, çà et là, sur les gradins. Tous les gens de la quadrilla prirent le rapide de nuit pour Madrid, encombrant de leur carrure les grands wagons à couloirs. Ils devaient tuer, le lendemain, six autres taureaux à Madrid.

En rade de Gibraltar.

Du canot qui nous menait au vapeur pour Tanger, je vis, en accostant, sur le pont au-dessus de moi, un nègre superbe, drapé dans un burnous d'un blanc crème immaculé, aux beaux plis larges, se détachant en plein soleil, immobile, sur le bleu foncé du ciel absolument pur. Autour de cette image nette, éclatante et splendide, se groupent dans mon souvenir ces scènes ensoleillées des ports d'Espagne et du Maroc, et je me plais à imaginer les maisons blanches au bord des rades bleues, et la cohue cosmopolite charriée par des bateaux de toutes provenances, dans les grands passages du monde. Je comprends mieux ces grands artistes voyageurs anglais, ce Brangwyn par exemple, le peintre robuste des voiles éclatantes, des burnous bruns ou rouges, des bras noirs ou basanés, parmi les dégringolades de lourds fruits du midi, sous le soleil franc, du grouillement des marchés et des plages encombrés de barques, de porteurs de troupeaux et de caisses ; je comprends cette fièvre des grands voyages si bien décrite par Kipling ; la nostalgie de soleil et de mouvement coloré qui prend ceux-là sous les brumes de Londres ou de Paris, ceux-là qui rêvent de promener encore et toujours leur rêverie énergique et féconde sur les immenses paquebots, vers les terres lointaines...

Orléans, - Imp. Auguste Gout & Cie

www.ingramcontent.com/pod-product-compliance
Lightning Source LLC
LaVergne TN
LVHW010018230826
846092LV00002B/887
9782019933081